Silvio José Mazalotti de Araújo

Graduado em Direito (UFPR). Coronel da Reserva da Polícia Militar do Paraná.

Marli Tereza de Araújo Honaiser

Graduada em Pedagogia.

 1.ª edição
Curitiba
2013

Interatividade no trânsito

Dados para catalogação
Bibliotecária responsável Luciane Magalhães Melo Novinski
CRB 1253/9 – Curitiba, PR.

Araújo, Silvio José Mazalotti de.

Trânsito : interatividade no trânsito, 2 / Silvio José Mazalotti de Araújo, Marli Tereza de Araújo Honaiser ; ilustrações Adriano Loyola, Ivan Sória Fernandez – Curitiba : Base Editorial, 2013.
48p. : il. ; 28cm – (Coleção Trânsito, v. 2)

ISBN: 978-85-7905-837-0
Inclui bibliografia.

1. Trânsito. 2. Tráfego – regularização. 3. Segurança no trânsito. I. Honaiser, Marli Tereza de Araújo. II. Título. III. Série.

CDD (20ª ed.) 388.31

Trânsito : interatividade no trânsito, 2
© Marli T. de A. Honaiser ; Silvio J. M. de Araújo
2013

Ficha técnica

Conselho editorial
Mauricio Carvalho
Oralda A. de Souza
Renato Guimarães
Dimitri Vasic
Carina Adur de Souza

Coordenador editorial
Jorge Alves Martins

Editor
Carmen Lucia Gabardo

Iconografia
Osmarina F. Tosta

Revisão
Caibar Pereira Magalhães Júnior

Projeto gráfico e capa
Fernanda Luiza Fontes

Editoração
CWB design

Ilustrações
Adriano Loyola
Ivan Sória Fernandez

Editoração eletrônica e finalização
Solange Eschipio

Base Editorial Ltda.
Rua Antônio Martin de Araújo, 343 • Jardim Botânico • CEP 80210-050
Tel.: (41) 3264-4114 • Fax: (41) 3264-8471 • Curitiba • Paraná
www.baseeditora.com.br • baseeditora@baseeditora.com.br

CTP, Impressão e Acabamento
IBEP Gráfica
42268

Apresentação

Olá, crianças!

Neste ano, vamos aprender uma coisa muito importante sobre sistema de trânsito: as atitudes que devemos ter em relação a todas as pessoas que transitam conosco.

Vamos saber como é importante a observação dos símbolos que aparecerem nas placas de sinalização dos diversos lugares onde estivermos.

Você vai aprender, também, sobre a importância dada aos animais nos lugares de trânsito e que, quando cuidamos do meio ambiente, estamos preservando a vida e garantindo o bem-estar de todos nós no trânsito.

Os autores.

Sumário

1. O espaço que é de todos 8

O convívio social no trânsito 8

Dicas para o pedestre cuidadoso no espaço que é de todos 10

Boa relação no trânsito 14

2. Normas e regras para o trânsito seguro 18

Garantindo a segurança da vida 18

3. Segurança do pedestre no trânsito 23

Segurança no trânsito.................... 23

A valorização da vida dos animais no trânsito 28

A Dona Cutia no trânsito.................... 31

4. Atitudes responsáveis no grupo social 33

O lazer com responsabilidade 33

Respeitar avisos é assegurar a vida 34

5. Preservando o meio ambiente 38

O trânsito e o meio ambiente 38

O lixo no meio ambiente 41

Referências 48

Interatividade

Trânsito: o espaço de todos

Convivendo

1 O espaço que é de todos

O Convívio Social no Trânsito

Bruno e seus colegas foram hoje fazer um passeio com a professora.

Antes de saírem, ela disse que todos deveriam transitar em grupo, respeitando os colegas e as pessoas que encontrassem e que deveriam ficar atentos à sinalização, pois assim estariam demonstrando atitudes de cidadãos no trânsito.

Bruno, entusiasmado com o passeio, afastou-se do grupo e, desatento, não viu um carro que estava saindo da garagem.

O motorista, assustado com a possibilidade de ferir o menino, teve que fazer uma manobra rápida com o veículo, colidindo no poste, colocando em risco a vida de outras pessoas que transitavam pela calçada.

Bruno compreendeu que, no trânsito, atitudes erradas podem causar acidentes e prejudicar muitas pessoas, por isso, cada um deve fazer a sua parte para garantir a segurança no espaço que é de todos nós.

10 Dicas para o pedestre cuidadoso no espaço que é de todos

Atravesse a rua com o sinal verde para pedestre e na faixa de travessia.

Não atravesse as vias em curvas, pois não conseguirá avistar os veículos que se aproximam.

Quando estiver andando pela calçada, tome cuidado com as garagens, pois pode haver veículos entrando ou saindo delas.

Não corra atrás de bolas nas ruas, pois você poderá ser atropelado.

Transite sempre pelo lado direito das calçadas para não atrapalhar o trânsito das outras pessoas.

Não jogue lixo nas vias públicas, nos parques e nas praças. Lugar de lixo é nas lixeiras.

Ao ouvir a sirene de veículos de emergência, deixe o caminho livre.

Lembre-se de que as pessoas idosas transitam devagar e podem cair se forem empurradas.

Boa relação no trânsito

No espaço que é de todos, cortesia, respeito e solidariedade são atitudes importantes para facilitar a sua boa relação no trânsito.

Seguir as normas e estar sempre atento à sinalização são deveres do bom pedestre para a garantia da segurança de todos no trânsito.

 **Pratique!**

1. Você já percorreu o quarteirão de sua escola e observou tudo o que nele existe.

    Agora, desenhe o percurso realizado. Coloque a sinalização de trânsito que você observou no trajeto feito.

2. Escreva as atitudes que você julga importantes para a segurança de todos no trânsito.

_____
_____
_____
_____
_____
_____

2 Normas e regras para o trânsito seguro

Garantindo a segurança da vida

Estudar, trabalhar, ir ao mercado, à igreja, passear são atividades do nosso dia a dia.

O ir e vir das pessoas, em atendimento às suas necessidades, seja como pedestres, seja como condutores de veículos, seja como usuários dos meios de transporte, em horários diversos, representa uma movimentação constante nas cidades, nas estradas e nas zonas rurais.

Essa movimentação representa o sistema de trânsito e, como dele fazem parte muitas pessoas, há necessidade de que haja regras e normas para garantir o seu bom funcionamento e a segurança da vida.

As normas de delicadeza, respeito e solidariedade são comportamentos muito importantes nas relações das pessoas no trânsito.

Colaboração e obediência favorecem as relações com as autoridades de trânsito.

Garantimos nossa segurança no trânsito quando exigimos nossos direitos e praticamos nossos deveres.

1. Com muita atenção, transite pelo caminho que garante a segurança de todos no Sistema Trânsito.

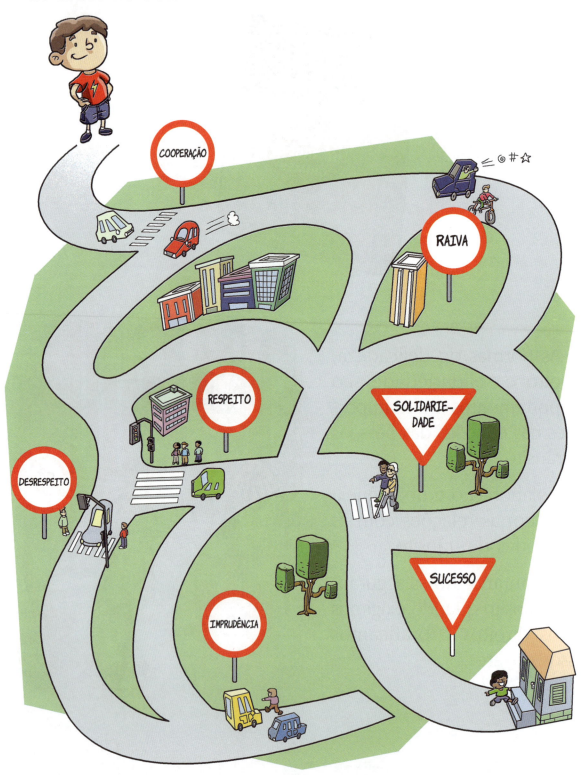

2. Ligue as palavras às situações de trânsito:

 **Entenda!**

3. Em sua escola existem normas. Procure saber quais são elas e transcreva-as nos espaços abaixo.

a) Três direitos dos alunos de sua escola:

_____
_____
_____

b) Três deveres dos alunos de sua escola:

_____
_____
_____

4. Por que saber seus direitos e deveres é importante?

_____
_____
_____

3 Segurança do pedestre no trânsito

Segurança no trânsito

Marcela e Lucas são dois irmãos que nunca esquecem os cuidados que devem ter no trânsito.

Eles acordam muito cedo e preparam-se para ir à escola.

Jogue e aprenda!

1. Na história de Marcela e Lucas, há algumas palavras destacadas. Encontre-as no caça-palavras:

```
A E D C A L Ç A D A S I S E Q A S W Q F T Y B E V N T D E R S A
T R T G H I H J K O P V E R H G T X Q P E D E S T R E S Q C V T
R T Y B F A Q W F A I X A D E T R A V E S S I A L H C V B N M T
R T B U F D T B I Y H J K L O P A S R T G V C A S D E R T G W Q
W E R T Y U I B F D W E R T V C X Z A S Q W E C D F T B G H N A
W C V P A S S A R E L A Q V B N M Y T R E D S W G F G H T Y R E
D E R T V D A W Q T Y U I P K H H L O C A L S E G U R O T D F T
H N F T R D E F R U O P L H Y T R E C V B G R E S F G H J Y T F
G V B N J M H Y G R T G H U J K O P Ç S Q A S E M Á F O R O B N
```

2. Ajude Marcela e Lucas a chegarem a sua escola.

Fique atento!

3. Observe com atenção o comportamento de Paula e seu pai no trânsito e responda às questões.

O que Paula e seu pai fazem antes de atravessar a rua?

_____
_____
_____

Por que eles usam a faixa de travessia?

_____
_____
_____

Por que eles estão mais seguros na calçada?

_____
_____
_____

27

A valorização da vida dos animais no trânsito

Os animais, no mundo todo, também se locomovem de um lugar para outro.

Assim, nos locais onde eles costumam transitar, é necessário que existam placas de sinalização de trânsito se evitar acidentes.

Vamos saber mais!

Na Austrália é assim:

Placa de sinalização indicando a presença de cangurus na área.

Lembre-se!

1. Se você já transitou em outros países, relate para seus colegas suas experiências, ou escreva aqui o que você já ouviu sobre isso.

_____
_____
_____
_____
_____
_____
_____

2. Você e seus familiares certamente já transitaram por vias e locais onde havia animais. Desenhe o que já vivenciou e não se esqueça da sinalização.

A Dona Cutia no trânsito

Dona Cutia saiu de casa
Levando seus filhos para passear
Muito cuidadosos
Foram a via atravessar.

Procuraram o melhor lugar
E após observarem
Em fila e muito rápido
Puderam a via atravessar.

A mata é o melhor lugar
Pra dona Cutia e seus filhos morarem
Tem muitas frutas
Que com alegria vão saborear.

 Crie!

Desenhe uma situação de trânsito para a dona Cutia e seus filhotes. Lembre-se das placas de sinalização.

4 Atitudes responsáveis no grupo social

O lazer com responsabilidade

Nas cidades há muitos espaços destinados ao lazer.

Os parques estão sempre cheios de pessoas caminhando, correndo, jogando bola, andando de bicicleta, patins, patinetes, divertindo-se individualmente ou com seus amigos e familiares.

Nesses locais há também placas de sinalização que orientam as pessoas.

Respeitar avisos é assegurar a vida

As placas que vemos nos lugares destinados ao lazer são muito importantes porque servem para orientar as pessoas, bem como para avisar sobre perigos que ali existem.

Recife (PE). 2006.

Fique atento!

1. Quando você sai com seu cachorrinho

a) aonde costuma ir?

_____
_____
_____

b) seu cachorro pode transitar livremente entre os veículos?

☐ Sim   ☐ Não

Por quê?

_____
_____
_____

c) Qual das placas de sinalização abaixo diz que você pode entrar em um parque com um cachorro?

Verifique qual é o parque de sua cidade em que você poderá entrar com seu cão. Coloque uma foto desse parque no quadro abaixo.

2. Conte esta história. Lembre-se de ler a placa.

O descuidado

5 Preservando o meio ambiente

O trânsito e o meio ambiente

Algumas pessoas costumam jogar papéis, copos plásticos, cigarros, latas, etc. nas vias públicas.

Será que essas pessoas estão respeitando o meio ambiente? Claro que não!

Papéis, plásticos e embalagens, ao serem lançados no meio ambiente, podem entupir os bueiros das vias, provocando alagamentos quando chove. Esse lixo vai para os rios e lagos, poluindo e agredindo o meio ambiente.

Os restos de alimentos abrigam moscas, baratas, ratos e outros animais transmissores de doenças.

Cidade suja é desagradável e faz mal à saúde das pessoas.

As pessoas se sentem mais felizes e seguras quando transitam num ambiente limpo, bonito e saudável.

Nunca lance detritos à margem das rodovias ou sobre elas.

Mantenha, no interior do veículo, saquinhos de papel ou de plástico para acondicionar o lixo que você produz.

O lixo nas vias pode resultar em perigo, especialmente para pedestres e condutores de bicicletas e motos.

O lixo no meio ambiente

Todas as pessoas produzem resíduos. Quando colocamos os resíduos na lixeira, eles não deixam de existir. Sua próxima destinação são os aterros sanitários, os conhecidos "lixões".

O lixo traz consequências graves, poluindo os rios, o solo e o ar, causando muitos efeitos nocivos à nossa saúde e ao meio ambiente.

Não há como não produzir lixo. Contudo podemos diminuir essa produção reduzindo o desperdício, reutilizando sempre que possível e separando os materiais que poderão ser reciclados.

Estas são medidas simples, porém muito eficazes. A ideia é construirmos um mundo melhor. Para tanto, necessitamos ser individualmente responsáveis.

 **Vamos saber mais!**

Vamos ver, no quadro abaixo, o tempo necessário para a decomposição de alguns materiais:

Papel – de 3 a 6 anos

Pano – de 6 meses a 1 ano

Filtro de cigarro – 5 anos

Chicletes – 5 anos

Madeira pintada – 13 anos

Náilon – mais de 30 anos

Plástico – mais de 100 anos

Metal – mais de 100 anos

Borracha – tempo indeterminado

Vidro – 1 milhão de anos

 **Crie!**

1. Nos quadros seguintes, represente com desenhos ou com figuras coladas as situações que representam perigo no trânsito.

   a) Lixo nas vias públicas

b) Detritos às margens das rodovias

2. Que conselhos você daria às pessoas que não têm cuidado com o meio ambiente?

Escreva aqui:

_____
_____
_____

Teste ecológico

Você se preocupa em preservar o meio ambiente?

Verifique, no quadro abaixo, os seus hábitos de higiene ambiental e seja sincero nas respostas.

	Nunca	Às vezes	Sim
Costuma jogar, em qualquer lugar, os papéis de embrulho e embalagens das compras feitas em lojas, supermercados, etc.?	3	2	1
Joga, sem perceber, nas ruas e calçadas, papéis de doces, balas, chicletes, etc.?	3	2	1
Atira, pela janela de carros ou ônibus, papéis, embalagens, copos descartáveis ou latas de refrigerantes?	3	2	1
Deixa ficar o lixo que cai, alegando falta de tempo ou vontade de apanhar?	3	2	1
Tem o costume de jogar o lixo em qualquer lugar?	3	2	1
Quando encontra lixo espalhado pelo chão, tem por hábito recolhê-lo?	1	2	3
Você se dispõe a fazer parte de campanhas de incentivo à reciclagem de lixo?	1	2	3
Você tem por costume deixar os lugares que frequenta mais limpos do que os encontrou?	1	2	3

Resultados

Some os pontos de suas respostas e confira abaixo:

a) 21 a 24 - Parabéns, você é um verdadeiro "Amigo da Natureza".

b) 18 a 20 - Você se preocupa com o meio ambiente.

c) 15 a 17 – Está precisando melhorar.

d) 14 ou menos – Você não está contribuindo com a preservação do meio ambiente.

Placas de Regulamentação

Parada obrigatória · Dê a preferência · Sentido proibido · Vire à esquerda

Vire à direita · Proibido ultrapassagem · Proibido estacionar · Estacionamento regulamentado

Placas de Advertência

Curva acentuada à esquerda · Curva acentuada à direita · Curva à esquerda · Curva à direita

Pista irregular · Saliências ou lombadas · Trânsito de ciclistas · Passagem sinalizada de escolares

Referências

KUTIANSKI, Maria Lúcia A.; ARAÚJO, Silvio J. Mazalotti de. Educando para o Trânsito – Educação Infantil. São Paulo: Kalimera, 1999.

Departamento de Trânsito e Secretaria de Educação do Estado da Bahia. Projeto de Educação de Trânsito, Salvador, 1999.

Código de Trânsito Brasileiro. Imprensa Nacional, Brasília, 1998.

SITES

<www.criançasegura.org.br>

<www.educardpaschoal.org.br>

<www.ufrgs.br/GPECT>

<www.transitocomvida.ufrj.br>

<www.detranpr.gov.br>

<www.detranrr.gov.br/projetotransitar>